全国人民代表大会常务委员会公报版

中华人民共和国畜牧法

(最新修订本)

中国民主法制出版社

图书在版编目（CIP）数据

中华人民共和国畜牧法：最新修订本/全国人大常委会办公厅供稿 . —北京：中国民主法制出版社，2022.11
ISBN 978-7-5162-2971-2

Ⅰ.①中… Ⅱ.①全… Ⅲ.①畜牧业—农业法—中国 Ⅳ.①D922.4

中国版本图书馆 CIP 数据核字（2022）第 196332 号

书名/中华人民共和国畜牧法

出版·发行/中国民主法制出版社
地址/北京市丰台区右安门外玉林里 7 号（100069）
电话/（010）63055259（总编室）　63058068　63057714（营销中心）
传真/（010）63055259
http://www.npcpub.com
E-mail：mzfz@npcpub.com
经销/新华书店
开本/32 开　850 毫米×1168 毫米
印张/1.5　**字数**/25 千字
版本/2022 年 11 月第 1 版　2022 年 11 月第 1 次印刷
印刷/三河市宏图印务有限公司

书号/ISBN 978-7-5162-2971-2
定价/8.00 元
出版声明/版权所有，侵权必究。

（如有缺页或倒装，本社负责退换）

目　　录

中华人民共和国主席令（第一二四号）………（1）

中华人民共和国畜牧法 ……………………………（3）

关于《中华人民共和国畜牧法
　　（修订草案）》的说明………………………（30）

全国人民代表大会宪法和法律委员会关于
　　《中华人民共和国畜牧法（修订草案）》
　　审议结果的报告………………………………（36）

全国人民代表大会宪法和法律委员会关于
　　《中华人民共和国畜牧法（修订草案二次
　　审议稿）》修改意见的报告 …………………（41）

中华人民共和国主席令

第一二四号

《中华人民共和国畜牧法》已由中华人民共和国第十三届全国人民代表大会常务委员会第三十七次会议于 2022 年 10 月 30 日修订通过，现予公布，自 2023 年 3 月 1 日起施行。

中华人民共和国主席　习近平
2022 年 10 月 30 日

中华人民共和国畜牧法

（2005年12月29日第十届全国人民代表大会常务委员会第十九次会议通过　根据2015年4月24日第十二届全国人民代表大会常务委员会第十四次会议《关于修改〈中华人民共和国计量法〉等五部法律的决定》修正　2022年10月30日第十三届全国人民代表大会常务委员会第三十七次会议修订）

目　录

第一章　总　　则
第二章　畜禽遗传资源保护
第三章　种畜禽品种选育与生产经营
第四章　畜禽养殖
第五章　草原畜牧业

第六章　畜禽交易与运输

第七章　畜禽屠宰

第八章　保障与监督

第九章　法律责任

第十章　附　　则

第一章　总　　则

第一条　为了规范畜牧业生产经营行为，保障畜禽产品供给和质量安全，保护和合理利用畜禽遗传资源，培育和推广畜禽优良品种，振兴畜禽种业，维护畜牧业生产经营者的合法权益，防范公共卫生风险，促进畜牧业高质量发展，制定本法。

第二条　在中华人民共和国境内从事畜禽的遗传资源保护利用、繁育、饲养、经营、运输、屠宰等活动，适用本法。

本法所称畜禽，是指列入依照本法第十二条规定公布的畜禽遗传资源目录的畜禽。

蜂、蚕的资源保护利用和生产经营，适用本法有关规定。

第三条　国家支持畜牧业发展，发挥畜牧业在发展农业、农村经济和增加农民收入中的作用。

县级以上人民政府应当将畜牧业发展纳入国民经济和社会发展规划，加强畜牧业基础设施建设，鼓励和扶持发展规模化、标准化和智能化养殖，促进种养结合和农牧循环、绿色发展，推进畜牧产业化经营，提高畜牧业综合生产能力，发展安全、优质、高效、生态的畜牧业。

国家帮助和扶持民族地区、欠发达地区畜牧业的发展，保护和合理利用草原，改善畜牧业生产条件。

第四条 国家采取措施，培养畜牧兽医专业人才，加强畜禽疫病监测、畜禽疫苗研制，健全基层畜牧兽医技术推广体系，发展畜牧兽医科学技术研究和推广事业，完善畜牧业标准，开展畜牧兽医科学技术知识的教育宣传工作和畜牧兽医信息服务，推进畜牧业科技进步和创新。

第五条 国务院农业农村主管部门负责全国畜牧业的监督管理工作。县级以上地方人民政府农业农村主管部门负责本行政区域内的畜牧业监督管理工作。

县级以上人民政府有关主管部门在各自的职责范围内，负责有关促进畜牧业发展的工作。

第六条 国务院农业农村主管部门应当指导畜牧业生产经营者改善畜禽繁育、饲养、运输、屠宰的条件和环境。

第七条 各级人民政府及有关部门应当加强畜牧业相关法律法规的宣传。

对在畜牧业发展中做出显著成绩的单位和个人，按照国家有关规定给予表彰和奖励。

第八条 畜牧业生产经营者可以依法自愿成立行业协会，为成员提供信息、技术、营销、培训等服务，加强行业自律，维护成员和行业利益。

第九条 畜牧业生产经营者应当依法履行动物防疫和生态环境保护义务，接受有关主管部门依法实施的监督检查。

第二章 畜禽遗传资源保护

第十条 国家建立畜禽遗传资源保护制度，开展资源调查、保护、鉴定、登记、监测和利用等工作。各级人民政府应当采取措施，加强畜禽遗传资源保护，将畜禽遗传资源保护经费列入预算。

畜禽遗传资源保护以国家为主、多元参与，坚持保护优先、高效利用的原则，实行分类分级保护。

国家鼓励和支持有关单位、个人依法发展畜禽遗传资源保护事业，鼓励和支持高等学校、科研机构、企业加强畜禽遗传资源保护、利用的基础研究，提高科技创新能力。

第十一条 国务院农业农村主管部门设立由专业人员组成的国家畜禽遗传资源委员会，负责畜禽遗传资源的鉴定、评估和畜禽新品种、配套系的审定，承担畜禽遗传资源保护和利用规划论证及有关畜禽遗传资源保护的咨询工作。

第十二条 国务院农业农村主管部门负责定期组织畜禽遗传资源的调查工作,发布国家畜禽遗传资源状况报告,公布经国务院批准的畜禽遗传资源目录。

经过驯化和选育而成,遗传性状稳定,有成熟的品种和一定的种群规模,能够不依赖于野生种群而独立繁衍的驯养动物,可以列入畜禽遗传资源目录。

第十三条 国务院农业农村主管部门根据畜禽遗传资源分布状况,制定全国畜禽遗传资源保护和利用规划,制定、调整并公布国家级畜禽遗传资源保护名录,对原产我国的珍贵、稀有、濒危的畜禽遗传资源实行重点保护。

省、自治区、直辖市人民政府农业农村主管部门根据全国畜禽遗传资源保护和利用规划及本行政区域内的畜禽遗传资源状况,制定、调整并公布省级畜禽遗传资源保护名录,并报国务院农业农村主管部门备案,加强对地方畜禽遗传资源的保护。

第十四条 国务院农业农村主管部门根据全国畜禽遗传资源保护和利用规划及国家级畜禽遗传资源保护名录,省、自治区、直辖市人民政府农业农村主管部门根据省级畜禽遗传资源保护名录,分别建立或者确定畜禽遗传资源保种场、保护区和基因库,承担畜禽遗传资源保护任务。

享受中央和省级财政资金支持的畜禽遗传资源保种场、保护区和基因库,未经国务院农业农村主管部门或者省、自治区、直辖市人民政府农业农村主管部门批准,不得擅自处理受保护的畜禽遗传资源。

畜禽遗传资源基因库应当按照国务院农业农村主管部门或者省、自治区、直辖市人民政府农业农村主管部门的规定,定期采集和更新畜禽遗传材料。有关单位、个人应当配合畜禽遗传资源基因库采集畜禽遗传材料,并有权获得适当的经济补偿。

县级以上地方人民政府应当保障畜禽遗传资源保种场和基因库用地的需求。确需关闭或者搬迁的,应当经原建立或者确定机关批准,搬迁的按照先建后拆的原则妥善安置。

畜禽遗传资源保种场、保护区和基因库的管理办法,由国务院农业农村主管部门制定。

第十五条 新发现的畜禽遗传资源在国家畜禽遗传资源委员会鉴定前,省、自治区、直辖市人民政府农业农村主管部门应当制定保护方案,采取临时保护措施,并报国务院农业农村主管部门备案。

第十六条 从境外引进畜禽遗传资源的,应当向省、自治区、直辖市人民政府农业农村主管部门提出申请;受理申请的农业农村主管部门经审核,报国务院农业农村主管部门经评估论证后批准;但是国务院对批准机关另有规定的除外。经批准的,依照《中华人民共和国进出境动植物检疫法》的规定办理相关手续并实施检疫。

从境外引进的畜禽遗传资源被发现对境内畜禽遗传资源、生态环境有危害或者可能产生危害的，国务院农业农村主管部门应当商有关主管部门，及时采取相应的安全控制措施。

第十七条 国家对畜禽遗传资源享有主权。向境外输出或者在境内与境外机构、个人合作研究利用列入保护名录的畜禽遗传资源的，应当向省、自治区、直辖市人民政府农业农村主管部门提出申请，同时提出国家共享惠益的方案；受理申请的农业农村主管部门经审核，报国务院农业农村主管部门批准。

向境外输出畜禽遗传资源的，还应当依照《中华人民共和国进出境动植物检疫法》的规定办理相关手续并实施检疫。

新发现的畜禽遗传资源在国家畜禽遗传资源委员会鉴定前，不得向境外输出，不得与境外机构、个人合作研究利用。

第十八条 畜禽遗传资源的进出境和对外合作研究利用的审批办法由国务院规定。

第三章　种畜禽品种选育与生产经营

第十九条 国家扶持畜禽品种的选育和优良品种的推广使用，实施全国畜禽遗传改良计划；支持企业、高等学校、科研机构和技术推广单位开展联合育种，建立健全畜禽良种繁育体系。

  县级以上人民政府支持开发利用列入畜禽遗传资源保护名录的品种,增加特色畜禽产品供给,满足多元化消费需求。

  第二十条 国家鼓励和支持畜禽种业自主创新,加强育种技术攻关,扶持选育生产经营相结合的创新型企业发展。

  第二十一条 培育的畜禽新品种、配套系和新发现的畜禽遗传资源在销售、推广前,应当通过国家畜禽遗传资源委员会审定或者鉴定,并由国务院农业农村主管部门公告。畜禽新品种、配套系的审定办法和畜禽遗传资源的鉴定办法,由国务院农业农村主管部门制定。审定或者鉴定所需的试验、检测等费用由申请者承担。

  畜禽新品种、配套系培育者的合法权益受法律保护。

  第二十二条 转基因畜禽品种的引进、培育、试验、审定和推广,应当符合国家有关农业转基因生物安全管理的规定。

  第二十三条 省级以上畜牧兽医技术推广机构应当组织开展种畜质量监测、优良个体登记,向社会推荐优良种畜。优良种畜登记规则由国务院农业农村主管部门制定。

  第二十四条 从事种畜禽生产经营或者生产经营商品代仔畜、雏禽的单位、个人,应当取得种畜禽生产经营许可证。

申请取得种畜禽生产经营许可证，应当具备下列条件：

（一）生产经营的种畜禽是通过国家畜禽遗传资源委员会审定或者鉴定的品种、配套系，或者是经批准引进的境外品种、配套系；

（二）有与生产经营规模相适应的畜牧兽医技术人员；

（三）有与生产经营规模相适应的繁育设施设备；

（四）具备法律、行政法规和国务院农业农村主管部门规定的种畜禽防疫条件；

（五）有完善的质量管理和育种记录制度；

（六）法律、行政法规规定的其他条件。

第二十五条　申请取得生产家畜卵子、精液、胚胎等遗传材料的生产经营许可证，除应当符合本法第二十四条第二款规定的条件外，还应当具备下列条件：

（一）符合国务院农业农村主管部门规定的实验室、保存和运输条件；

（二）符合国务院农业农村主管部门规定的种畜数量和质量要求；

（三）体外受精取得的胚胎、使用的卵子来源明确，供体畜符合国家规定的种畜健康标准和质量要求；

（四）符合有关国家强制性标准和国务院农业农村主管部门规定的技术要求。

第二十六条　申请取得生产家畜卵子、精液、胚胎等遗传材料的生产经营许可证，应当向省、自治区、直辖市人民政府农业农村主管部门提出申请。受理申请的农业农村主管部门应当自收到申请之日起六十个工作日内依法决定是否发放生产经营许可证。

其他种畜禽的生产经营许可证由县级以上地方人民政府农业农村主管部门审核发放。

国家对种畜禽生产经营许可证实行统一管理、分级负责，在统一的信息平台办理。种畜禽生产经营许可证的审批和发放信息应当依法向社会公开。具体办法和许可证样式由国务院农业农村主管部门制定。

第二十七条　种畜禽生产经营许可证应当注明生产经营者名称、场（厂）址、生产经营范围及许可证有效期的起止日期等。

禁止无种畜禽生产经营许可证或者违反种畜禽生产经营许可证的规定生产经营种畜禽或者商品代仔畜、雏禽。禁止伪造、变造、转让、租借种畜禽生产经营许可证。

第二十八条　农户饲养的种畜禽用于自繁自养和有少量剩余仔畜、雏禽出售的，农户饲养种公畜进行互助配种的，不需要办理种畜禽生产经营许可证。

第二十九条　发布种畜禽广告的，广告主应当持有或者提供种畜禽生产经营许可证和营业执照。广告内容应当符合有关法律、行政法规的规定，并注明种畜禽品种、配套系的审定或者鉴定名称，对主要性状的描述应当符合该品种、配套系的标准。

第三十条 销售的种畜禽、家畜配种站（点）使用的种公畜，应当符合种用标准。销售种畜禽时，应当附具种畜禽场出具的种畜禽合格证明、动物卫生监督机构出具的检疫证明，销售的种畜还应当附具种畜禽场出具的家畜系谱。

生产家畜卵子、精液、胚胎等遗传材料，应当有完整的采集、销售、移植等记录，记录应当保存二年。

第三十一条 销售种畜禽，不得有下列行为：

（一）以其他畜禽品种、配套系冒充所销售的种畜禽品种、配套系；

（二）以低代别种畜禽冒充高代别种畜禽；

（三）以不符合种用标准的畜禽冒充种畜禽；

（四）销售未经批准进口的种畜禽；

（五）销售未附具本法第三十条规定的种畜禽合格证明、检疫证明的种畜禽或者未附具家畜系谱的种畜；

（六）销售未经审定或者鉴定的种畜禽品种、配套系。

第三十二条 申请进口种畜禽的，应当持有种畜禽生产经营许可证。因没有种畜禽而未取得种畜禽生产经营许可证的，应当提供省、自治区、直辖市人民政府农业农村主管部门的说明文件。进口种畜禽的批准文件有效期为六个月。

进口的种畜禽应当符合国务院农业农村主管部门规定的技术要求。首次进口的种畜禽还应当由国家畜禽遗传资源委员会进行种用性能的评估。

种畜禽的进出口管理除适用本条前两款的规定外，还适用本法第十六条、第十七条和第二十二条的相关规定。

国家鼓励畜禽养殖者利用进口的种畜禽进行新品种、配套系的培育；培育的新品种、配套系在推广前，应当经国家畜禽遗传资源委员会审定。

第三十三条 销售商品代仔畜、雏禽的，应当向购买者提供其销售的商品代仔畜、雏禽的主要生产性能指标、免疫情况、饲养技术要求和有关咨询服务，并附具动物卫生监督机构出具的检疫证明。

销售种畜禽和商品代仔畜、雏禽，因质量问题给畜禽养殖者造成损失的，应当依法赔偿损失。

第三十四条 县级以上人民政府农业农村主管部门负责种畜禽质量安全的监督管理工作。种畜禽质量安全的监督检验应当委托具有法定资质的种畜禽质量检验机构进行；所需检验费用由同级预算列支，不得向被检验人收取。

第三十五条 蜂种、蚕种的资源保护、新品种选育、生产经营和推广，适用本法有关规定，具体管理办法由国务院农业农村主管部门制定。

第四章　畜禽养殖

第三十六条 国家建立健全现代畜禽养殖体系。县级以上人民政府农业农村主管部门应当根据畜牧业发展规划和市场需求，引导和支持畜牧业结构调整，发展优势畜禽生产，提高畜禽产品市场竞争力。

第三十七条　各级人民政府应当保障畜禽养殖用地合理需求。县级国土空间规划根据本地实际情况，安排畜禽养殖用地。畜禽养殖用地按照农业用地管理。畜禽养殖用地使用期限届满或者不再从事养殖活动，需要恢复为原用途的，由畜禽养殖用地使用人负责恢复。在畜禽养殖用地范围内需要兴建永久性建（构）筑物，涉及农用地转用的，依照《中华人民共和国土地管理法》的规定办理。

第三十八条　国家设立的畜牧兽医技术推广机构，应当提供畜禽养殖、畜禽粪污无害化处理和资源化利用技术培训，以及良种推广、疫病防治等服务。县级以上人民政府应当保障国家设立的畜牧兽医技术推广机构从事公益性技术服务的工作经费。

国家鼓励畜禽产品加工企业和其他相关生产经营者为畜禽养殖者提供所需的服务。

第三十九条　畜禽养殖场应当具备下列条件：

（一）有与其饲养规模相适应的生产场所和配套的生产设施；

（二）有为其服务的畜牧兽医技术人员；

（三）具备法律、行政法规和国务院农业农村主管部门规定的防疫条件；

（四）有与畜禽粪污无害化处理和资源化利用相适应的设施设备；

（五）法律、行政法规规定的其他条件。

畜禽养殖场兴办者应当将畜禽养殖场的名称、养殖地址、畜禽品种和养殖规模，向养殖场所在地县级人民政府农业农村主管部门备案，取得畜禽标识代码。

畜禽养殖场的规模标准和备案管理办法，由国务院农业农村主管部门制定。

畜禽养殖户的防疫条件、畜禽粪污无害化处理和资源化利用要求，由省、自治区、直辖市人民政府农业农村主管部门会同有关部门规定。

第四十条 畜禽养殖场的选址、建设应当符合国土空间规划，并遵守有关法律法规的规定；不得违反法律法规的规定，在禁养区域建设畜禽养殖场。

第四十一条 畜禽养殖场应当建立养殖档案，载明下列内容：

（一）畜禽的品种、数量、繁殖记录、标识情况、来源和进出场日期；

（二）饲料、饲料添加剂、兽药等投入品的来源、名称、使用对象、时间和用量；

（三）检疫、免疫、消毒情况；

（四）畜禽发病、死亡和无害化处理情况；

（五）畜禽粪污收集、储存、无害化处理和资源化利用情况；

（六）国务院农业农村主管部门规定的其他内容。

第四十二条 畜禽养殖者应当为其饲养的畜禽提供适当的繁殖条件和生存、生长环境。

第四十三条 从事畜禽养殖，不得有下列行为：

（一）违反法律、行政法规和国家有关强制性标准、国务院农业农村主管部门的规定使用饲料、饲料添加剂、兽药；

（二）使用未经高温处理的餐馆、食堂的泔水饲喂家畜；

（三）在垃圾场或者使用垃圾场中的物质饲养畜禽；

（四）随意弃置和处理病死畜禽；

（五）法律、行政法规和国务院农业农村主管部门规定的危害人和畜禽健康的其他行为。

第四十四条 从事畜禽养殖，应当依照《中华人民共和国动物防疫法》、《中华人民共和国农产品质量安全法》的规定，做好畜禽疫病防治和质量安全工作。

第四十五条 畜禽养殖者应当按照国家关于畜禽标识管理的规定，在应当加施标识的畜禽的指定部位加施标识。农业农村主管部门提供标识不得收费，所需费用列入省、自治区、直辖市人民政府预算。

禁止伪造、变造或者重复使用畜禽标识。禁止持有、使用伪造、变造的畜禽标识。

第四十六条 畜禽养殖场应当保证畜禽粪污无害化处理和资源化利用设施的正常运转，保证畜禽粪污综合利用或者达标排放，防止污染环境。违法排放或者因管理不当污染环境的，应当排除危害，依法赔偿损失。

国家支持建设畜禽粪污收集、储存、粪污无害化处理和资源化利用设施，推行畜禽粪污养分平衡管理，促进农用有机肥利用和种养结合发展。

第四十七条 国家引导畜禽养殖户按照畜牧业发展规划有序发展，加强对畜禽养殖户的指导帮扶，保护其合法权益，不得随意以行政手段强行清退。

国家鼓励涉农企业带动畜禽养殖户融入现代畜牧业产业链，加强面向畜禽养殖户的社会化服务，支持畜禽养殖户和畜牧业专业合作社发展畜禽规模化、标准化养殖，支持发展新产业、新业态，促进与旅游、文化、生态等产业融合。

第四十八条 国家支持发展特种畜禽养殖。县级以上人民政府应当采取措施支持建立与特种畜禽养殖业发展相适应的养殖体系。

第四十九条 国家支持发展养蜂业，保护养蜂生产者的合法权益。

有关部门应当积极宣传和推广蜂授粉农艺措施。

第五十条 养蜂生产者在生产过程中，不得使用危害蜂产品质量安全的药品和容器，确保蜂产品质量。养蜂器具应当符合国家标准和国务院有关部门规定的技术要求。

第五十一条 养蜂生产者在转地放蜂时，当地公安、交通运输、农业农村等有关部门应当为其提供必要的便利。

养蜂生产者在国内转地放蜂,凭国务院农业农村主管部门统一格式印制的检疫证明运输蜂群,在检疫证明有效期内不得重复检疫。

第五章　草原畜牧业

第五十二条　国家支持科学利用草原,协调推进草原保护与草原畜牧业发展,坚持生态优先、生产生态有机结合,发展特色优势产业,促进农牧民增加收入,提高草原可持续发展能力,筑牢生态安全屏障,推进牧区生产生活生态协同发展。

第五十三条　国家支持牧区转变草原畜牧业发展方式,加强草原水利、草原围栏、饲草料生产加工储备、牲畜圈舍、牧道等基础设施建设。

国家鼓励推行舍饲半舍饲圈养、季节性放牧、划区轮牧等饲养方式,合理配置畜群,保持草畜平衡。

第五十四条　国家支持优良饲草品种的选育、引进和推广使用,因地制宜开展人工草地建设、天然草原改良和饲草料基地建设,优化种植结构,提高饲草料供应保障能力。

第五十五条　国家支持农牧民发展畜牧业专业合作社和现代家庭牧场,推行适度规模养殖,提升标准化生产水平，建设牛羊等重要畜产品生产基地。

第五十六条 牧区各级人民政府农业农村主管部门应当鼓励和指导农牧民改良家畜品种，优化畜群结构，实行科学饲养，合理加快出栏周转，促进草原畜牧业节本、提质、增效。

第五十七条 国家加强草原畜牧业灾害防御保障，将草原畜牧业防灾减灾列入预算，优化设施装备条件，完善牧区牛羊等家畜保险制度，提高抵御自然灾害的能力。

第五十八条 国家完善草原生态保护补助奖励政策，对采取禁牧和草畜平衡措施的农牧民按照国家有关规定给予补助奖励。

第五十九条 有关地方人民政府应当支持草原畜牧业与乡村旅游、文化等产业协同发展，推动一二三产业融合，提升产业化、品牌化、特色化水平，持续增加农牧民收入，促进牧区振兴。

第六十条 草原畜牧业发展涉及草原保护、建设、利用和管理活动的，应当遵守有关草原保护法律法规的规定。

第六章　畜禽交易与运输

第六十一条 国家加快建立统一开放、竞争有序、安全便捷的畜禽交易市场体系。

第六十二条　县级以上地方人民政府应当根据农产品批发市场发展规划，对在畜禽集散地建立畜禽批发市场给予扶持。

畜禽批发市场选址，应当符合法律、行政法规和国务院农业农村主管部门规定的动物防疫条件，并距离种畜禽场和大型畜禽养殖场三公里以外。

第六十三条　进行交易的畜禽应当符合农产品质量安全标准和国务院有关部门规定的技术要求。

国务院农业农村主管部门规定应当加施标识而没有标识的畜禽，不得销售、收购。

国家鼓励畜禽屠宰经营者直接从畜禽养殖者收购畜禽，建立稳定收购渠道，降低动物疫病和质量安全风险。

第六十四条　运输畜禽，应当符合法律、行政法规和国务院农业农村主管部门规定的动物防疫条件，采取措施保护畜禽安全，并为运输的畜禽提供必要的空间和饲喂饮水条件。

有关部门对运输中的畜禽进行检查，应当有法律、行政法规的依据。

第七章　畜禽屠宰

第六十五条　国家实行生猪定点屠宰制度。对生猪以外的其他畜禽可以实行定点屠宰，具体办法由省、自治区、直辖市制定。农村地区个人自宰自食的除外。

省、自治区、直辖市人民政府应当按照科学布局、集中屠宰、有利流通、方便群众的原则，结合畜禽养殖、动物疫病防控和畜禽产品消费等实际情况，制定畜禽屠宰行业发展规划并组织实施。

第六十六条　国家鼓励畜禽就地屠宰，引导畜禽屠宰企业向养殖主产区转移，支持畜禽产品加工、储存、运输冷链体系建设。

第六十七条　畜禽屠宰企业应当具备下列条件：

（一）有与屠宰规模相适应、水质符合国家规定标准的用水供应条件；

（二）有符合国家规定的设施设备和运载工具；

（三）有依法取得健康证明的屠宰技术人员；

（四）有经考核合格的兽医卫生检验人员；

（五）依法取得动物防疫条件合格证和其他法律法规规定的证明文件。

第六十八条　畜禽屠宰经营者应当加强畜禽屠宰质量安全管理。畜禽屠宰企业应当建立畜禽屠宰质量安全管理制度。

未经检验、检疫或者经检验、检疫不合格的畜禽产品不得出厂销售。经检验、检疫不合格的畜禽产品，按照国家有关规定处理。

地方各级人民政府应当按照规定对无害化处理的费用和损失给予补助。

第六十九条　国务院农业农村主管部门负责组织制

定畜禽屠宰质量安全风险监测计划。

省、自治区、直辖市人民政府农业农村主管部门根据国家畜禽屠宰质量安全风险监测计划，结合实际情况，制定本行政区域畜禽屠宰质量安全风险监测方案并组织实施。

第八章　保障与监督

第七十条　省级以上人民政府应当在其预算内安排支持畜禽种业创新和畜牧业发展的良种补贴、贴息补助、保费补贴等资金，并鼓励有关金融机构提供金融服务，支持畜禽养殖者购买优良畜禽、繁育良种、防控疫病，支持改善生产设施、畜禽粪污无害化处理和资源化利用设施设备、扩大养殖规模，提高养殖效益。

第七十一条　县级以上人民政府应当组织农业农村主管部门和其他有关部门，依照本法和有关法律、行政法规的规定，加强对畜禽饲养环境、种畜禽质量、畜禽交易与运输、畜禽屠宰以及饲料、饲料添加剂、兽药等投入品的生产、经营、使用的监督管理。

第七十二条　国务院农业农村主管部门应当制定畜禽标识和养殖档案管理办法，采取措施落实畜禽产品质量安全追溯和责任追究制度。

第七十三条　县级以上人民政府农业农村主管部门应当制定畜禽质量安全监督抽查计划，并按照计划开展监督抽查工作。

第七十四条 省级以上人民政府农业农村主管部门应当组织制定畜禽生产规范，指导畜禽的安全生产。

第七十五条 国家建立统一的畜禽生产和畜禽产品市场监测预警制度，逐步完善有关畜禽产品储备调节机制，加强市场调控，促进市场供需平衡和畜牧业健康发展。

县级以上人民政府有关部门应当及时发布畜禽产销信息，为畜禽生产经营者提供信息服务。

第七十六条 国家加强畜禽生产、加工、销售、运输体系建设，提升畜禽产品供应安全保障能力。

省、自治区、直辖市人民政府负责保障本行政区域内的畜禽产品供给，建立稳产保供的政策保障和责任考核体系。

国家鼓励畜禽主销区通过跨区域合作、建立养殖基地等方式，与主产区建立稳定的合作关系。

第九章　法律责任

第七十七条 违反本法规定，县级以上人民政府农业农村主管部门及其工作人员有下列行为之一的，对直接负责的主管人员和其他直接责任人员依法给予处分：

（一）利用职务上的便利，收受他人财物或者牟取其他利益；

（二）对不符合条件的申请人准予许可，或者超越法定职权准予许可；

（三）发现违法行为不予查处；

（四）其他滥用职权、玩忽职守、徇私舞弊等不依法履行监督管理工作职责的行为。

第七十八条 违反本法第十四条第二款规定，擅自处理受保护的畜禽遗传资源，造成畜禽遗传资源损失的，由省级以上人民政府农业农村主管部门处十万元以上一百万元以下罚款。

第七十九条 违反本法规定，有下列行为之一的，由省级以上人民政府农业农村主管部门责令停止违法行为，没收畜禽遗传资源和违法所得，并处五万元以上五十万元以下罚款：

（一）未经审核批准，从境外引进畜禽遗传资源；

（二）未经审核批准，在境内与境外机构、个人合作研究利用列入保护名录的畜禽遗传资源；

（三）在境内与境外机构、个人合作研究利用未经国家畜禽遗传资源委员会鉴定的新发现的畜禽遗传资源。

第八十条 违反本法规定，未经国务院农业农村主管部门批准，向境外输出畜禽遗传资源的，依照《中华人民共和国海关法》的有关规定追究法律责任。海关应当将扣留的畜禽遗传资源移送省、自治区、直辖市人民政府农业农村主管部门处理。

第八十一条 违反本法规定，销售、推广未经审定或者鉴定的畜禽品种、配套系的，由县级以上地方人民政府农业农村主管部门责令停止违法行为，没收畜禽和违法所得；违法所得在五万元以上的，并处违法所得一倍以上三倍以下罚款；没有违法所得或者违法所得不足五万元的，并处五千元以上五万元以下罚款。

第八十二条 违反本法规定，无种畜禽生产经营许可证或者违反种畜禽生产经营许可证规定生产经营，或者伪造、变造、转让、租借种畜禽生产经营许可证的，由县级以上地方人民政府农业农村主管部门责令停止违法行为，收缴伪造、变造的种畜禽生产经营许可证，没收种畜禽、商品代仔畜、雏禽和违法所得；违法所得在三万元以上的，并处违法所得一倍以上三倍以下罚款；没有违法所得或者违法所得不足三万元的，并处三千元以上三万元以下罚款。违反种畜禽生产经营许可证的规定生产经营或者转让、租借种畜禽生产经营许可证，情节严重的，并处吊销种畜禽生产经营许可证。

第八十三条 违反本法第二十九条规定的，依照《中华人民共和国广告法》的有关规定追究法律责任。

第八十四条 违反本法规定，使用的种畜禽不符合种用标准的，由县级以上地方人民政府农业农村主管部门责令停止违法行为，没收种畜禽和违法所得；违法所得在五千元以上的，并处违法所得一倍以上二倍以下罚款；没有违法所得或者违法所得不足五千元的，并处一千元以上五千元以下罚款。

第八十五条 销售种畜禽有本法第三十一条第一项至第四项违法行为之一的，由县级以上地方人民政府农业农村主管部门和市场监督管理部门按照职责分工责令停止销售，没收违法销售的（种）畜禽和违法所得；违法所得在五万元以上的，并处违法所得一倍以上五倍以下罚款；没有违法所得或者违法所得不足五万元的，并处五千元以上五万元以下罚款；情节严重的，并处吊销种畜禽生产经营许可证或者营业执照。

第八十六条 违反本法规定，兴办畜禽养殖场未备案，畜禽养殖场未建立养殖档案或者未按照规定保存养殖档案的，由县级以上地方人民政府农业农村主管部门责令限期改正，可以处一万元以下罚款。

第八十七条 违反本法第四十三条规定养殖畜禽的，依照有关法律、行政法规的规定处理、处罚。

第八十八条 违反本法规定，销售的种畜禽未附具种畜禽合格证明、家畜系谱，销售、收购国务院农业农村主管部门规定应当加施标识而没有标识的畜禽，或者重复使用畜禽标识的，由县级以上地方人民政府农业农村主管部门和市场监督管理部门按照职责分工责令改正，可以处二千元以下罚款。

销售的种畜禽未附具检疫证明，伪造、变造畜禽标识，或者持有、使用伪造、变造的畜禽标识的，依照《中华人民共和国动物防疫法》的有关规定追究法律责任。

第八十九条　违反本法规定，未经定点从事畜禽屠宰活动的，依照有关法律法规的规定处理、处罚。

第九十条　县级以上地方人民政府农业农村主管部门发现畜禽屠宰企业不再具备本法规定条件的，应当责令停业整顿，并限期整改；逾期仍未达到本法规定条件的，责令关闭，对实行定点屠宰管理的，由发证机关依法吊销定点屠宰证书。

第九十一条　违反本法第六十八条规定，畜禽屠宰企业未建立畜禽屠宰质量安全管理制度，或者畜禽屠宰经营者对经检验不合格的畜禽产品未按照国家有关规定处理的，由县级以上地方人民政府农业农村主管部门责令改正，给予警告；拒不改正的，责令停业整顿，并处五千元以上五万元以下罚款，对直接负责的主管人员和其他直接责任人员处二千元以上二万元以下罚款；情节严重的，责令关闭，对实行定点屠宰管理的，由发证机关依法吊销定点屠宰证书。

违反本法第六十八条规定的其他行为的，依照有关法律法规的规定处理、处罚。

第九十二条　违反本法规定，构成犯罪的，依法追究刑事责任。

第十章　附　　则

第九十三条　本法所称畜禽遗传资源，是指畜禽及其卵子（蛋）、精液、胚胎、基因物质等遗传材料。

本法所称种畜禽，是指经过选育、具有种用价值、适于繁殖后代的畜禽及其卵子（蛋）、精液、胚胎等。

第九十四条 本法自 2023 年 3 月 1 日起施行。

关于《中华人民共和国
畜牧法(修订草案)》的说明

——2021年10月19日在第十三届全国人民代表大会常务委员会第三十一次会议上

全国人大农业与农村委员会副主任委员　李家洋

委员长、各位副委员长、秘书长、各位委员：

我受全国人大农业与农村委员会委托，就《中华人民共和国畜牧法（修订草案）》的有关问题作说明。

一、畜牧法修改的必要性

现行畜牧法自2006年7月1日施行以来，对于规范畜牧业生产经营行为，加快转变畜牧业发展方式，增强畜禽产品供给保障能力，促进农牧民持续增收等发挥了重要作用。

畜牧业是关系国计民生的重要产业，也是我国农业农村经济的支柱产业和增加农牧民收入的重要来源。大力发展畜牧业，对全面推进乡村振兴，加快农业农村现代化具有重要意义。新时代畜牧业高质量发展要求加快构建现代畜禽养殖、动物防疫和加工流通体系，不断提升畜牧业质量效益和竞争力，更好地满足人民群众多元化的畜禽产品消费需求。当前，畜牧业发展仍存在一些问题。一是畜禽遗传资源保护力度不够，开发利用水平低，部分品种持续减少、濒临灭绝；二是畜禽种业自主创新能力不强，产学研协同的利益联结机制不健全，市场竞争力不足；三是畜禽粪污资源化利用水平不高，资源环境硬约束日益加剧；四是养殖业发展不均衡，行业集中度低，市场波动大、风险高，监测预警体系不完善，宏观调控能力弱；五是畜禽的防疫和屠宰质量安全监管、防范重大公共卫生风险能力比较薄弱。针对畜牧业发展中的薄弱环节和出现的新情况、新问题，亟需对现行畜牧法作出相应的修改完善。

2020年4月，全国人大常委会将修改畜牧法列入强化公共卫生法治保障立法修法工作计划，明确由全国人大农业与农村委员会牵头负责起草。我委高度重视畜牧法修改工作，成立农业农村部等有关部门参加的工作专班，在认真总结实践经验、深入调研、广泛听取有关方面意见、反复讨论修改完善的基础上，形成《中华人民共和国畜牧法（修订草案）》（以下简称草案）。

二、畜牧法修改的指导思想和总体思路

深入学习贯彻习近平新时代中国特色社会主义思想，落实党的十九大和十九届二中、三中、四中、五中全会精神，贯彻落实习近平总书记关于强化公共卫生法治保障重要指示，适应发展现代畜牧业新要求，逐步完善和健全保障我国畜牧业持续健康发展的管理体系。加强畜禽遗传资源保护和利用、鼓励畜禽种业自主创新，规范畜禽养殖、粪污资源化利用、屠宰等畜牧业生产经营行为，支持草原畜牧业发展，统筹畜牧业公共卫生安全和高质量发展，保障重要畜禽产品有效供给，促进现代畜牧业发展。

三、畜牧法修改的主要内容

（一）完善公共卫生法治保障

一是完善列入畜禽遗传资源目录的条件。为落实《全国人大常委会关于全面禁止非法野生动物交易、革除滥食野生动物陋习、切实保障人民群众生命健康安全的决定》精神，草案规定，经过人类长期驯化和选育而成，遗传性能稳定，有成熟的品种和一定的种群规模，能够不依赖于野生种群而独立繁衍的哺乳纲或者鸟纲驯养动物，可以列入畜禽遗传资源目录。（第十一条）

二是强化畜禽粪污资源化利用。为提高畜禽粪污资源化利用水平，强化主体责任，草案对畜禽养殖场配套畜禽粪污处理利用设施装备、畜禽粪污处理利用的技术培训、养殖档案记录、种养结合等作出规定。明确畜禽

养殖户的畜禽粪污处理利用要求，由省、自治区、直辖市人民政府有关部门规定。（第三十七条、第三十八条、第四十条、第四十五条）

三是加强畜禽屠宰管理。畜禽屠宰是保障畜禽产品质量和公共卫生安全的关键环节。草案增加"畜禽屠宰"一章，对畜禽屠宰的行业发展规划、企业条件要求、质量安全管理和风险监测制度、无害化处理及补助等作出规定。综合考虑城乡差异、生活习俗、行业发展现状等因素，草案规定，实行生猪定点屠宰制度；对生猪以外的其他畜禽可以实行定点屠宰，具体办法由省、自治区、直辖市制定。（第七章）

（二）促进畜牧业高质量发展

一是加大畜禽遗传资源保护。畜禽遗传资源是畜牧业可持续发展的物质基础，畜禽遗传资源保护具有基础性、公益性。草案规定，畜禽遗传资源保护以国家为主、多元参与，坚持保护优先、高效利用的原则，实行分类分级保护；鼓励加强畜禽遗传资源保护和利用的基础研究，提高科技创新能力；加强畜禽遗传资源保护用地保障，县级以上地方人民政府应当保障畜禽遗传资源保种场和基因库用地的需求。（第九条、第十三条）

二是支持畜禽种业自主创新。为振兴畜禽种业，草案规定，国家鼓励支持畜禽种业自主创新，加强良种技术攻关，扶持创新型企业发展；支持列入畜禽遗传保护名录的品种开发利用，满足多元化消费需求。同时取消畜禽品种、配套系中间试验的行政审批和专门从事家畜人工授精、胚胎移植等繁殖工作的职业资格许可，加强事中事后监管。(第十八条、第十九条、第二十条)

三是促进草原畜牧业发展。草原畜牧业是畜牧业重要组成部分，是牧区振兴的前提和基础。草案增加"草原畜牧业"一章，明确国家支持科学利用草原，协调推进草原休养生息与草原畜牧业发展，提高草原可持续发展能力。支持牧区转变草原畜牧业发展方式。对草原畜牧业发展的基础设施建设、饲草料供应、防灾减灾保障、草原生态奖补等作出规定。(第五章)

四是引导畜禽养殖户发展。为拓展农民就业和增收渠道，草案规定，国家引导畜禽养殖户依照畜牧业发展规划有序发展，依法保护畜禽养殖户合法权益；鼓励龙头企业带动畜禽养殖户融入现代畜牧业产业链，加强面向畜禽养殖户的社会化服务；支持畜禽养殖户和畜牧业合作社发展畜禽规模化、标准化养殖，发展新产业、新业态，促进与旅游、文化、生态等产业融合。草案还就鼓励发展特种畜禽养殖作出规定。(第四十六条、第四十七条)

(三) 保障畜禽产品有效供给

一是完善畜禽产品保供稳价措施。为促进畜牧业稳定发展和畜禽产品市场平稳运行，维护养殖者和消费者利益，提升畜禽产品供应安全保障能力，草案规定，国家建立统一的畜禽生产和畜禽产品市场监测预警制度，逐步完善畜禽产品储备调节机制，利用畜禽产品进出口、期货等市场调节方式，促进市场供需平衡和畜牧业健康发展；国家鼓励畜禽主销区与主产区建立稳定的合作关系。省、自治区、直辖市人民政府负责保障本行政区域畜禽产品供给，建立稳产保供的政策保障和责任考核体系。（第七十三条、第七十四条）

二是规范畜禽养殖禁养区域划定。为防止违法扩大禁养区域，草案规定，国务院生态环境主管部门会同农业农村、林业草原主管部门负责制定禁养区域划定管理办法。禁养区域由县级以上地方人民政府划定。（第三十九条）

此外，草案就饲料和兽药的生产经营监管、畜禽交易和运输、法律责任等内容作了完善，对部分条款及文字作了修改。

《中华人民共和国畜牧法（修订草案）》及以上说明是否妥当，请审议。

全国人民代表大会宪法和法律委员会关于《中华人民共和国畜牧法(修订草案)》审议结果的报告

全国人民代表大会常务委员会：

常委会第三十一次会议对畜牧法修订草案进行了初次审议。会后，法制工作委员会将修订草案印发部分省（区、市）人大、中央有关部门和全国人大代表、基层立法联系点、研究机构等征求意见；在中国人大网全文公布修订草案，征求社会公众意见。宪法和法律委员会、农业与农村委员会、法制工作委员会联合召开座谈会，听取中央有关部门、全国人大代表、基层立法联系点、农业企业、农民专业合作社、基层执法机构和专家学者对修订草案的意见。宪法和法律委员会、法制工作委员会到内蒙古、河北、北京、云南、湖北、浙江、福建调研，并就修订草案的有关问题同有关方面交换意见，共同研究。宪法和法律委员会于9月15日召开会议，根据委员长会议精神、常委会组成人员审议意见和各方面意见，对修订草案进行了逐条审议。农业与农村委员会、司法部、农业农村部有关负责同志列席了会议。10月14日，宪法和法律委员会召开会议，再次进行了审议。宪法和法律委员会认为，适应畜牧业发展新形势、新要求，修改本法是必要的，修订草案经过审议修改，已经比较成熟。同时，提出以下主要修改意见：

一、有的常委会组成人员提出，应当突出鼓励支持畜禽养殖生产，促进畜牧业高质量发展。宪法和法律委员会经研究，建议增加规定：一是，县级以上人民政府应当将畜牧业发展纳入国民经济和社会发展规划；同时促进畜牧业绿色发展。二是，国家建立健全现代畜禽养殖体系。三是，从事畜禽养殖应当依照农产品质量安全法的规定，做好质量安全工作。四是，加强对畜禽养殖户的指导帮扶。

二、有的常委会组成人员和部门、研究机构建议，加强畜禽疫病防治，做好畜禽粪污无害化处理，保障公共卫生安全。宪法和法律委员会经研究，建议对相关内容作如下修改：一是，增加国家采取措施加强畜禽疫病监测、畜禽疫苗研制的内容。二是，将相关条款中的"畜禽粪污处理利用"改为"畜禽粪污无害化处理和资源化利用"。三是，明确从事畜禽养殖不得随意弃置和处理病死畜禽。四是，违反检疫证明和畜禽标识管理规定的行为，动物防疫法已作明确规定的，依照其规定追究法律责任。

三、有的常委委员和部门、地方、社会公众提出，应当加强畜牧业相关法律法规的宣传普及，对在畜牧业发展中作出显著成绩的给予表彰奖励。宪法和法律委员会经研究，建议采纳这一意见，增加相关内容。

四、有的常委委员和部门、地方建议，根据相关改革要求，完善有关畜禽遗传资源管理制度。宪法和法律委员会经研究，建议对从境外引进畜禽遗传资源的，在规定由国务院农业农村主管部门批准的基础上，授权国务院可以对批准机关作出特别规定。

五、根据有的常委委员和部门、地方的意见，宪法和法律委员会经研究，建议完善有关种畜禽管理规定，对相关内容作如下修改：一是，增加规定种畜禽生产经营许可证的审批和发放信息应当依法向社会公开。二是，明确只有因没有种畜禽而未取得种畜禽生产经营许可证的新建种畜禽场才可以通过提供省级政府农业农村主管部门的说明文件的方式申请进口种畜禽。

六、有的常委委员和部门、地方提出，建设畜禽养殖场要符合地方国土空间规划，充分考虑本地区畜牧业发展要求；同时，应遵守有关生态环境、动物防疫、文物保护等法律法规关于禁止建设畜禽养殖场的规定，本法对划定禁养区域可作衔接性规定。宪法和法律委员会经同有关部门研究，建议对相关内容作如下修改：畜禽养殖场的选址、建设应当符合国土空间规划，并遵守有关法律法规的规定；不得违反法律法规的规定，在禁养区域建设畜禽养殖场。同时明确，县级国土空间规划应当根据本地实际情况安排畜禽养殖用地。

七、有的常委委员和部门、地方建议结合现行法的规定，并与草原法有关规定相衔接，增加促进草畜平衡具体措施的规定。宪法和法律委员会经研究，建议采纳这一意见，增加规定：国家鼓励推行舍饲半舍饲圈养、季节性放牧、划区轮牧等饲养方式，合理配置畜群，保持草畜平衡。

八、有的部门提出，牧区牛羊等家畜保费补贴制度只是牧区家畜保险制度的一部分，建议将"保费补贴制度"改为"保险制度"。有的部门提出，目前执行的草原生态保护补助奖励政策已包括草原畜牧业发展补贴政策，建议对有关表述作相应修改。宪法和法律委员会经研究，建议采纳上述意见，完善相关表述。

此外，还对修订草案作了一些文字修改。

9月28日，法制工作委员会召开会议，邀请部分全国人大代表、基层立法联系点、农业企业、农民专业合作社、基层执法人员和专家学者，就修订草案主要内容的可行性、法律出台时机、法律实施的社会效果和可能出现的问题等进行评估。普遍认为，修订草案贯彻落实党中央决策部署，保障畜禽产品有效供给和质量安全，促进我国畜牧业高质量发展，主要制度措施具有针对性和可操作性，建议修改完善后尽快出台。与会人员还对修订草案提出了一些完善意见，有些意见已采纳吸收。

　　修订草案二次审议稿已按上述意见作了修改，宪法和法律委员会建议提请本次常委会会议审议通过。

　　修订草案二次审议稿和以上报告是否妥当，请审议。

全国人民代表大会宪法和法律委员会
2022 年 10 月 27 日

全国人民代表大会宪法和法律委员会关于《中华人民共和国畜牧法(修订草案二次审议稿)》修改意见的报告

全国人民代表大会常务委员会:

本次常委会会议于10月27日下午对畜牧法修订草案二次审议稿进行了分组审议。普遍认为,修订草案已经比较成熟,建议进一步修改后,提请本次常委会会议表决通过。同时,有些常委会组成人员和列席人员还提出了一些修改意见和建议。宪法和法律委员会于10月28日下午召开会议,逐条研究了常委会组成人员和列席人员的审议意见,对修订草案进行了审议。农业与农村委员会、农业农村部有关负责同志列席了会议。宪法和法律委员会认为,修订草案是可行的,同时,提出以下修改意见:

一、有的常委委员和专委会委员建议在规定有关种畜禽、畜禽屠宰等质量安全标准的基础上对完善畜牧业标准提出总体要求。宪法和法律委员会经同农业与农村委员会、农业农村部研究，建议采纳这一意见，在总则中增加相关内容。

二、有的常委委员提出，应明确定期对国家畜禽遗传资源状况进行调查，并发布相关报告。宪法和法律委员会经研究，建议采纳这一意见，规定国务院农业农村主管部门负责"定期"组织畜禽遗传资源的调查工作。

三、有的常委委员建议明确加强对地方畜禽遗传资源的保护。宪法和法律委员会经研究，建议采纳这一意见，增加相关内容。

四、根据有的常委委员和专委会委员的意见，宪法和法律委员会经研究，建议在县级以上人民政府支持开发利用列入畜禽遗传资源保护名录的品种的规定中，增加特色畜禽产品供给的内容。

五、根据有的常委委员和部门的意见，宪法和法律委员会经同农业与农村委员会研究，建议将有关鼓励畜禽养殖者对进口的畜禽进行新品种、配套系选育的规定修改为："国家鼓励畜禽养殖者利用进口的种畜禽进行新品种、配套系的培育；培育的新品种、配套系在推广前，应当经国家畜禽遗传资源委员会审定。"

六、有的常委委员提出，应突出国家对农牧民发展畜牧业专业合作社的支持。宪法和法律委员会经研究，建议将相关规定修改为：国家支持农牧民发展畜牧业专业合作社和现代家庭牧场，推行适度规模养殖，提升标准化生产水平。

七、根据有的常委委员和专委会委员的意见，宪法和法律委员会经研究，建议在有关建立畜禽交易市场体系的规定中增加"安全便捷"的要求。

八、有些常委委员和专委会委员提出，应强化政府对畜禽产品市场的调控作用，保障市场供需平衡。宪法和法律委员会经研究，建议采纳这一意见，将有关完善畜禽产品储备调节机制等措施中的"利用市场调节方式"修改为"加强市场调控"。

九、根据有的常委委员的意见，宪法和法律委员会经研究，建议增加规定：国家加强畜禽生产、加工、销售、运输体系建设，提升畜禽产品供应安全保障能力。

在审议中，有些常委会组成人员和列席人员还对修订草案二次审议稿有关内容及本法实施提出了很好的意见建议。宪法和法律委员会经同农业与农村委员会、农业农村部研究认为，有的意见在其他相关法律中已作明确规定，有的意见可在配套规定中作出具体规定，有的意见需要在实践中积累经验。建议国务院及其有关部门认真研究常委会组成人员和列席人员提出的意见建议，及时制定完善配套规定，确保本法有效实施。

经与有关部门研究，建议将修订后的畜牧法的施行时间确定为2023年3月1日。

此外，根据常委会组成人员的审议意见，还对修订草案二次审议稿作了一些文字修改。

修订草案修改稿已按上述意见作了修改，宪法和法律委员会建议本次常委会会议审议通过。

修订草案修改稿和以上报告是否妥当，请审议。

全国人民代表大会宪法和法律委员会
2022 年 10 月 29 日